QUELQUES MOTS

SUR

LA VIE ET LE CARACTÈRE DE DUCIS

PAR

CHARLES LACROIX

Chef d'institution, ancien Président de la Société d'éducation.

—

Lecture faite

dans la séance publique de la Société impériale d'éducation

le 27 janvier 1870

LYON

IMPRIMERIE D'AIMÉ VINGTRINIER

Rue de la Belle-Cordière, 14.

—

1870

QUELQUES MOTS

SUR

LA VIE ET LE CARACTÈRE DE DUCIS

PAR

Charles LACROIX.

On a accusé, et non sans raison, notre siècle d'être voué trop exclusivement au culte des intérêts positifs, de tenir peu de compte de l'idéal et de négliger les grandes choses qui font la dignité de l'existence humaine, pour s'occuper, avec une fiévreuse activité, de celles qui se rapportent à la vie matérielle. Cette disposition, il faut l'avouer, a trouvé dans la littérature de nos jours une expression trop fidèle.

En présence des écarts affligeants, des défaillances morales, dont nous avons vu de trop fréquents exemples, on éprouve parfois le besoin de détourner les yeux du spectacle de la société actuelle pour se recueillir dans la contemplation de quelqu'une de ces nobles figures qui nous apparaissent dans le passé, et qui représentent l'alliance des plus heureux dons de l'esprit et des plus belles qualités du cœur. Telle est l'idée qui m'a conduit à retracer, dans une rapide esquisse, la physionomie morale d'un poète qui fut, avant tout, un homme de bien, et qu'on a loué avec vérité d'avoir présenté en sa personne *l'accord d'un beau talent et d'un beau caractère.* Vous avez nommé Ducis.

Les œuvres dramatiques de Ducis ont été appréciées par d'éminents critiques, et je me garderai de revenir sur un sujet depuis longtemps épuisé. Mais lors même qu'on enlèverait à l'imitateur de Shakspeare toutes ses pièces de théâtre, il lui resterait encore, dans les poésies diverses et dans les lettres où il a déposé le secret de ses pensées intimes et empreint la douce image de son âme, des titres suffisants à notre estime sympathique et à notre admiration ; aussi, Messieurs, ce n'est pas le poète que je veux aujourd'hui envisager en lui, mais l'homme ; ce n'est pas de son talent que je veux vous entretenir, mais de son caractère.

Quand on embrasse dans son ensemble le cours de cette noble vie, qui s'étend de 1733 à 1816, on est frappé du caractère d'unité qui y est empreint, de cette constance dans les principes qu'aucune épreuve ne peut faire fléchir, de cette dignité modeste qui ne se dément jamais, de cette fidélité à toutes les nobles choses, qui en fait un modèle digne d'être proposé à tous ceux qui suivent la carrière des lettres.

Sincèrement et hautement croyant dans un siècle incrédule, noblement désintéressé à une époque d'ambition et de cupidité universelles, Ducis ressemble à un sage de l'antiquité ; disons mieux, c'est un philosophe chrétien.

Le poète s'est peint lui-même avec vérité dans ses pièces fugitives et dans ses lettres. C'est là qu'on peut saisir les véritables traits de sa physionomie. Plein de candeur et de bonhomie, simple et facile à tromper comme un enfant, mais d'une indomptable volonté sur tout ce qui touche aux choses de conscience et aux règles de conduite qu'il s'est prescrites, son naturel a quelque chose de fier et de tendre, de doux à la fois et de sauvage. Sans ambition et sans souci de l'avenir, content de peu et dédaignant les biens que le monde envie, il estime plus que tous les biens de la fortune, le calme du cœur et les divines espérances de la vertu.

« Pourvu que mon vrai moi vive, dit-il, il y a un autre moi que j'abandonne, l'air de ce globe n'est pas bon ; ce soleil n'est pas le véritable ; je m'attends à mieux..... »

L'indépendance de Ducis n'avait pas sa source dans un orgueil exalté, mais dans la conscience. Elle était d'ailleurs tempérée en lui par les plus douces et les plus aimables qualités. Quand l'auteur d'*Hamlet* disait : *Il vaut mieux porter des haillons que des chaînes*, ce n'était pas là une de ces maximes de parade fastueusement débitées par un homme qui veut attirer les regards de la foule, en jouant le rôle de philosophe ; c'était l'expression naïve d'un sentiment plein de modestie et de dignité ; et quand l'occasion s'offrit de la mettre en pratique, les actes témoignèrent hautement de sa sincérité. Une place de gardien de la bibliothèque nationale lui ayant été offerte pendant le cours de la Révolution, Ducis décline cet honneur en alléguant ses travaux littéraires et ses projets d'auteur dramatique. Lorsque le vainqueur de Marengo reparut en France après la brillante campagne d'Italie, Ducis, frappé des grandes choses qu'il venait d'accomplir et de celles qu'il semblait projeter pour le bien de la nation, ne fut pas insensible aux avances qui lui furent faites par le futur empereur ; mais lorsque plus tard Bonaparte, devenu consul, voulut l'élever à la dignité de sénateur, alors si enviée ; malgré sa nomination, trois fois mentionnée au *Moniteur*, le poète répondit par un inflexible refus à toutes les instances dont il fut obsédé. Il refusa de même la décoration de la Légion d'honneur qui lui fut offerte. Au reste, la faveur populaire n'eut pas plus le pouvoir de le séduire que les caresses des gouvernants, et on le vit, en 1798, résister au vœu du collège électoral de la Seine, qui venait de le nommer député au Conseil des Anciens.

Parvenu à grand'peine à n'être rien, comme il le disait, et voulant ne devoir son existence qu'à lui-même, il chercha, en se livrant avec plus d'ardeur que jamais à ses travaux littéraires, à réparer la perte de sa petite fortune, que la Révolution avait détruite. On lui reprochait quelquefois cette intraitable fierté : « Qu'on s'en prenne, disait-il, au potier qui a façonné mon argile. — Mais l'avenir ? —

Soyez assuré, répondait-il, que je n'ai nul souci de l'avenir ; je ne dois rien à personne, j'ai du bois pour une partie de mon hiver, un quartaut de vin dans ma cave, et dans mon tiroir de quoi aller pendant deux mois. Mon petit dîner, qui est mon seul repas, est assuré pour quelque temps. »

Ducis a peint lui-même, dans une épître, avec l'abandon de La Fontaine, le bonheur que lui procure une pauvreté libre :

> Et, tu sais, mon ami, tu sais bien sur la terre,
> Si jamais j'eus bosquet, potager ni parterre.
> Né sans ambition, avec peu de désirs,
> Mon luth fait mon destin, mon emploi, mes plaisirs.
> Il ne me donne pas un clos, des métairies,
> Mais le sommeil, la paix, les riantes féeries,
> Cet art charmant des vers par la grâce enfantés,
> Bien-fonds de La Fontaine et qu'il a tant chantés.
> Heureux au jour le jour, rêvant, me laissant faire,
> De moi pourtant toujours je fus propriétaire.
> O pauvreté tranquille ! ô véritable bien !
> Heureux, cent fois heureux le mortel qui n'est rien.

A ceux qui n'entendent que la langue du calcul, il oppose gaiment son arithmétique sentimentale :

> Grand philosophe économiste,
> Du produit net admirateur,
> Tu me dis : montre-moi la liste
> Des choses qui font ton bonheur.
> Tes plaisirs ? — Des amis de cœur.
> Ta santé ? — C'est la tempérance.
> Tes travaux ? — J'écris et je pense.
> Tes désirs ? — Ne faire aucun vœux.
> Ton trésor ? — Mon indépendance.
> Ton produit net ? — Je vis heureux.

Ducis aimait la gloire, mais non le bruit. Il ne pouvait comprendre que Voltaire trouvât quelque satisfaction à agiter la France dans sa vieillesse, en venant chercher à Paris un triomphe bruyant qu'il devait payer de sa vie. Bon Dieu! écrivait-il à cette occasion (1778), comme je fuirais la capitale, si j'avais la centième partie de la gloire de M. de Voltaire. Comme je me tiendrais sur mon pré, auprès de mon ruisseau, car j'aurais un ruisseau alors...... Cette soif insatiable de gloire au bord du tombeau, cette inquiétude fiévreuse, je ne comprends rien de tout cela.

L'année suivante, l'auteur d'*Hamlet* fut appelé à occuper à l'Académie le fauteuil que la mort de l'auteur de *Mérope* laissait vacant. Cet insigne honneur ne changea rien à ses goûts modestes. Ce qu'il désire, ce qu'il demande pour lui-même, c'est une place honorable dans la mémoire des lecteurs honnêtes. « Mon dernier vœu, dit-il en parlant de ses vers :

> C'est qu'un homme d'honneur, ami de la campagne,
> Souffre que leur recueil dans ses bois l'accompagne ;
> Qu'il dise : homme et poète, il fut de bonne foi ;
> Viens, Ducis, viens aux champs, je t'emporte avec moi. »

Ducis, dans ses épîtres, ressemble quelquefois à Horace, sans imiter cependant son épicuréisme. Comme le poète latin, il chante la modération des désirs, le calme du cœur, les plaisirs simples et paisibles ; mais la médiocrité dont il jouit et qui le rend heureux, n'est pas celle d'Horace, une médiocrité d'or, *aurea mediocritas* : c'est une médiocrité voisine de la gêne. Horace avait un fermier, des terres, des bois, des fontaines. Ducis n'a rien de tout cela. Il est vrai qu'il chante aussi son parterre, son potager, son petit bois, ses ombrages :

> De mes tilleuls à peine ai-je aperçu l'ombrage,
> Mon cœur s'ouvre à la joie, au calme, à l'amitié,

dit-il quelque part; mais ces biens n'existaient que dans son imagination. C'était une fiction poétique. La chose paraîtrait incroyable si elle n'était attestée par un ami du poète, Campenon, qui nous apprend que lui ayant demandé l'explication des mensonges qu'il se permettait dans ses vers, Ducis lui raconta comment ayant désiré inutilement depuis sa jeunesse d'avoir une maison de campagne avec un petit jardin, il avait pris le parti, à l'âge de soixante-dix ans, de se les donner de sa propre autorité de poète et sans bourse délier. Il avait commencé par avoir la maison, puis le goût de la possession augmentant, il y avait ajouté le jardin et le petit bois. C'est là un trait charmant de bonhomie originale qui rappelle les châteaux en Espagne de La Fontaine. Ducis finit sans doute par se faire illusion à lui-même et par regarder ses possessions chimériques comme une réalité. Ce qui est certain, c'est que la description des petits domaines fut prise au sérieux par un honnête et bon provincial, qui lui écrivit pour offrir ses services en qualité de régisseur, ne demandant que le logement et de modestes honoraires que le propriétaire *in partibus* devait fixer à son gré.

En réalité, Ducis habitait à Versailles un petit

appartement au troisième étage et y vivait content. Quelle douce philosophie et quelle grâce naïve dans ces vers qu'il adresse à son logis :

> Petit séjour commode et sain,
> Où des arts et du luxe en vain
> On chercherait quelque merveille ;
> Humble asile où j'ai sous la main
> Mon La Fontaine et mon Corneille,
> Où je vis, m'endors et m'éveille
> Sans aucun soin du lendemain,
> Sans aucun remords de la veille ;
> Retraite où j'habite avec moi,
> Seul, sans désirs et sans emploi,
> Libre de crainte et d'espérance ;
> Enfin, après trois jours d'absence,
> Je viens, j'accours, je t'aperçoi,
> O mon lit, ô ma maisonnette !
> Chers témoins de ma paix secrète,
> C'est vous, vous voilà, je vous voi !
> Qu'avec plaisir je vous répète :
> Il n'est point de petit chez soi !

Ces vers portent l'empreinte d'une âme simple et candide. Dans quelques autres pièces du même genre, le poète rappelle, avec une grâce exquise, les petits incidents de sa vie domestique : les promenades, les réunions, les banquets de famille qui le délassaient si agréablement de ses travaux. La poésie y coule de source : *Ce que je sens, ce que je pense*, dit-il, *devient du plaisir et des vers.*

Le ton simple et naturel qui distingue ces morceaux était rare au XVIIIe siècle. Les poésies légères de Dorat, de Gresset, de Voltaire peignent leur esprit plutôt que leur caractère, et l'on y voit le reflet de la société plus que l'expression de leurs sentiments personnels ; les pièces de Ducis nous font connaître son âme tout entière, et nous éprouvons en les lisant l'agréable surprise dont parle Pascal, lorsque, en ouvrant un livre, on découvre un homme au lieu d'un auteur qu'on s'attendait à trouver.

Le caractère doux et facile de Ducis, l'aménité de ses mœurs, la tendresse de son âme, sa bonté, sa candeur durent lui faire des amis nombreux. Nul ne sentit mieux le charme de l'amitié, nul n'en comprit mieux les devoirs. Collin d'Harleville, Andrieux, Florian, Campenon, Joseph Droz, se lièrent avec lui et en furent tendrement aimés. Thomas, surtout, dont l'âme était si élevée et si pure, attachait le plus grand prix à l'amitié de Ducis. « J'ai un véritable regret, écrivait-il, que nos âmes ne se soient pas réunies plus tôt, et que le temps ait volé à notre amitié tant d'années qu'il nous devait. Employons du moins celui qui nous reste et soyons séparés le moins qu'il nous sera possible. »

Il y avait entre Ducis et Thomas une grande conformité de caractères : c'était la même simplicité, la même candeur, le même amour des lettres, de la gloire, de la vertu. Les deux amis se trouvèrent réunis à Lyon, au printemps de 1785. Ducis était revenu depuis peu d'un voyage en Savoie, où un terrible accident avait mis ses jours en danger et avait été pour Thomas l'occasion de déployer tout ce que son cœur renfermait de dévoûment et de tendresse ; celui-ci, valétudinaire et souffrant, était au moment de partir pour Nice, où il allait chercher un climat plus doux. C'est dans cette circonstance que Ducis composa son épitre à l'amitié, pièce touchante et harmonieuse qui fut lue et applaudie dans une séance de l'Académie de Lyon. Le poète y exprimait autrefois pour son ami les mêmes vœux qu'Horace formait pour son cher Virgile :

> Il part; climats heureux, je le confie à vous.
> Doux zéphirs, portez-lui vos parfums les plus doux,
> De vie et de bonheur chargez l'air qu'il respire ;
> Pour prix de vos bienfaits vous entendrez sa lyre.

Ces vœux ne furent point exaucés. Thomas, atteint quelques jours après d'une maladie dont sa faible constitution ne put supporter la crise, mourut à Oullins, où son ami, assisté de la sœur du malade et du vénérable archevêque de Lyon, de Montazet, recueillit son dernier soupir.

Ducis conserva religieusement la mémoire de son ami. Ce souvenir remplit et fortifia sa vieillesse, et il lui dut plus d'une inspiration touchante. Cette tendresse éloquente qu'il répandait dans ses lettres à ses amis peut donner la mesure de la vivacité qu'avaient chez lui les affections de famille. S'il a donné dans ses œuvres une expression si pénétrante à la tendresse filiale et paternelle, c'est qu'il en trouvait la source dans son cœur. Nul ne fut meilleur fils ni meilleur père. Parvenu à un âge avancé, il s'écriait encore, au souvenir de l'auteur de ses jours : « Je remercie Dieu de m'avoir donné un si bon père ; c'était un homme rare et digne du temps des patriarches. Il n'y a pas de jour où je ne pense à lui, et quand je ne suis pas trop mécontent de moi-même, il m'arrive quelquefois de lui dire : *Es-tu content, mon père ?* Il semble qu'alors un signe de sa tête vénérable me réponde et me serve de prix. » Quant à sa mère, l'amitié qu'il avait pour elle était une sorte de culte. Si, après une maladie qui a mis ses jours en danger, cette mère revient à la santé, le poète, dans une pièce où respire tout le feu de l'inspiration, exprime les transports de sa joie filiale, et lorsqu'il a le malheur de la perdre, bien qu'il dût être depuis longtemps préparé à cet événement, il est en proie à une douleur profonde dont l'expression est d'une simplicité touchante : « Mes alarmes n'étaient que trop fondées ; cette tendre mère, cette amie de tous les temps, qui a passé par son siècle avec toutes les vertus du premier âge, elle n'est plus. Je l'ai embrassée pour la dernière fois sans qu'elle ait pu me voir ni m'entendre. Elle a rendu à Dieu son âme pure et chrétienne, après soixante-dix ans d'une vie exemplaire..... Elle a été ma mère dans mon enfance et presque dans ma vieillesse ; elle m'a porté dans son cœur comme elle m'avait porté dans son sein. »

D'autres pertes vinrent encore mettre son courage à de cruelles épreuves. Une épouse qui faisait le charme de sa vie fut enlevée à la suite d'une longue maladie, et deux filles sur qui reposaient toutes ses espérances suivirent de près leur mère au tombeau. La douleur que lui causèrent ces tristes événements sembla éteindre sa verve. Pour déplorer la perte de ces objets aimés, il n'a plus de vers, il n'a que des larmes et des gémissements. Quelle profonde mélancolie dans ce passage d'une lettre qu'il écrivit sur la fin de sa vie : « Que j'ai été, que je suis, que je serai malheureux ! j'ignore où la Providence me conduit par ce chemin de larmes... Quand je songe que dans l'âge voisin de la vieillesse et des infirmités, me voilà seul sur la terre, comme un homme personnel qui n'a vu que lui dans la nature ; que les objets qui devaient vivre avec moi et après moi m'ont précédé si jeunes dans le tombeau. Ah ! mon cher ami, reposons toujours notre tête fatiguée sur le chevet d'une bonne conscience ! Si nous l'arrosons de quelques larmes, ces larmes du moins n'ont rien d'amer. »

La résignation, comme on le voit, se mêle ici à la douleur, et, cette résignation, Ducis la puisait dans les principes qui étaient gravés dans son âme et qui s'y associaient aux souvenirs de l'enfance et de la tendresse filiale. La goutte, la pauvreté, la cécité, assiégèrent sa vieillesse ; mais la religion, à laquelle il demeura fidèle, communiqua à son âme une sérénité qui ne purent altérer ni les douleurs morales, ni les souffrances physiques.

Les terribles scènes dont il avait été témoin et qui avaient si cruellement démenti les espérances qu'il avait partagées avec tous les esprits généreux, au moment où la révolution s'annonçait comme une ère de régénération sociale, fortifiaient son goût pour la solitude et le détachaient des choses de la terre. « Il m'est impossible, écrivait-il à son ami Vallier, de m'occuper de tragédies ; je vois trop dans la rue d'Atrées en sabots pour jamais oser en mettre sur la scène. C'est un terrible drame que celui où le peuple joue le tyran. ... »

Au sortir de la révolution, ainsi que je l'ai dit, la fortune et les honneurs s'étaient offerts à lui sans qu'il daignât les accepter. Cependant la gloire dont il se souciait moins à mesure qu'il avançait dans la vie, vint couronner ses cheveux blancs. En 1810, au moment où se préparait la distribution des prix décennaux, la commission de la seconde classe de l'Institut proposa d'ajouter aux récompenses ordinaires une couronne que la munificence de l'Empereur décernerait, en dehors des conditions du concours, à la tragédie d'*Hamlet*. Il est vrai que l'indépendance de Ducis s'effaroucha de l'honneur exceptionnel qu'on voulait lui faire, et qu'il protesta dans les termes les plus fiers, mais l'hommage n'en était pas moins flatteur pour lui.

Une édition de ses œuvres, qui parut en 1813, obtint un succès incontesté et ce fut une des plus douces consolations de sa vieillesse. Le grand peintre Gérard ayant fait son portrait, qui fut admis à l'exposition du Louvre, on vit la foule se presser, avec une sympathie respectueuse, devant l'effigie de l'auteur d'*Abufar*. Il reçut, l'année suivante, une ovation littéraire aussi flatteuse qu'inattendue.

Ayant voulu un jour assister, comme auditeur ordinaire, aux cours que son ami Andrieux faisait au Collége de France, il fut reconnu et salué par une acclamation générale, et il eut la joie si douce pour un auteur d'entendre applaudir, par la jeunesse, sa grande scène d'*Œdipe*, dont un des assistants avait proposé la lecture. Des vivats, pleins d'enthousiasme, l'accompagnèrent à sa sortie.

Quoique étranger à la politique, Ducis avait prévu la chute de l'empire, et il se montra satisfait de la restauration, qui ramenait de l'exil, pour l'élever au trône, un prince auquel il avait été attaché, plusieurs années auparavant, en qualité de secrétaire de ses commandements et qui avait encouragé ses premiers travaux.

Louis XVIII accueillit avec bonté son cher poète, et eut l'aimable attention de lui réciter quelques vers d'une de ses tragédies, dont il semblait faire une application délicate au caractère et aux sentiments personnels de l'auteur.

> Oui, tu seras un jour, chez la race nouvelle,
> De l'amour filial le plus parfait modèle ;
> Tant qu'il existera des pères vertueux,
> Ton nom consolateur sera sacré par eux.
>
> *Œdipe à Colonne.*

Dans la dernière audience qu'il reçut de Louis XVIII,

le 10 janvier 1816, ce prince lui cita les vers suivants de la tragédie d'*Hamlet* :

> Ah ! s'il me permettait cet horrible entretien,
> La pâleur de mon front passerait sur le tien.
> Nos mains se sècheraient en touchant la couronne,
> Si nous savions, mon fils, à quel titre il la donne.
> Vivant, du rang suprême on sent mal le fardeau,
> Mais qu'un sceptre est pesant quand on entre au tombeau !

Cette citation avait, dans la bouche d'un roi, un à-propos remarquable. Un si grand honneur est arrivé à peu de poètes.

Ducis avait donné, dans le cours de sa vie, assez de preuves de désintéressement pour qu'il pût recevoir, sans rougir, les bienfaits d'un prince auquel le liaient d'anciennes relations d'estime et d'affection. Le roi lui donna la décoration de la Légion-d'Honneur, qu'il fut heureux cette fois d'accepter, et peu de temps après, il lui assura une pension de six mille francs qui devait procurer enfin au noble vieillard l'aisance et le repos (*).

Le poète octogénaire ne jouit pas longtemps de ces avantages. Le déclin rapide de sa santé l'avertissait de sa fin prochaine, et il s'y préparait avec le calme que donne une foi inébranlable. L'étude, la piété, les affections domestiques occupaient toutes ses journées. Par intervalle, sa verve poétique se ranimait dans la méditation de quelques sujets re-

---

(*) Ducis avait dit dans son épître : *A mes pénates* :

> Qu'un peu d'aisance entre chez nous,
> Que jamais la vertu n'en sorte.

ligieux. Les derniers vers qu'il composa sont l'expression d'une sainte confiance dans l'immortalité.

Le 29 mars 1816, une mort sereine et qui ressemblait à un sommeil tranquille, couronna dignement cette noble vie.

Un poète distingué de nos jours, M. Lebrun, dans une pièce qui remporta, en 1817, le prix de poésie à l'Académie française, a rappelé en beaux vers cette fin si belle :

. . . .
Du sommeil éternel Ducis s'est endormi.
Sa vie à son déclin s'est éteinte, pareille
Au flambeau, compagnon de la savante veille,
Lorsque toute la nuit en silence allumé,
Aux feux du jour naissant il s'éteint consumé.
Hélas ! je force en vain mes regrets à se taire.....

Il n'est plus ce vieillard, notre amour, notre orgueil.
Mes yeux qui le cherchaient n'ont trouvé qu'un cercueil.
Les vertus sont en deuil et Melpomène pleure,
L'étude encor du moins charmait sa dernière heure.
Au siècle de son âge il manquait seize hivers,
Et sa brûlante main traçait encor des vers.
Il chantait les trésors de sa noble indigence,
Ses livres, ses amis, sa fière indépendance,
Et la paix de son âme et ce double avenir
Qu'au ciel et sur la terre il a droit d'obtenir.

Ducis, comme poète, aura peu d'imitateurs; mais il serait à désirer pour l'honneur des lettres, que tous ceux qui les cultivent, le prissent, comme homme, pour modèle.

LYON. TYP. D'AIMÉ VINGTRINIER

www.ingramcontent.com/pod-product-compliance
Lightning Source LLC
Chambersburg PA
CBHW070526050426
42451CB00013B/2876